AF599960

GRAFFITI

POESÍA

HUERGA & FIERRO EDITORES

HUERGA Y FIERRO EDITORES, S. L. U.
C/ SEBASTIÁN HERRERA, 9
28012 MADRID (ESPAÑA)
TELÉFONO: 91 467 63 61
E. MAIL: huerga@huergayfierro.com
WEB: www.huergayfierro.com

PRIMERA EDICIÓN
2024

DISEÑO DE ÁNGEL LUIS VIGARAY

DEPÓSITO LEGAL: M-11170-2024 — I. S. B. N: 978-84-128640-9-0
IMPRESO EN ROMADAC Industria del Libro.
IMPRESO EN ESPAÑA

CANCIONERO

Pedro López Lara

CANCIONERO

PEDRO LÓPEZ LARA

Prólogo
Álvaro Alonso

GRAFFITI

HUERGA & FIERRO EDITORES

PRÓLOGO

Como en todos sus libros anteriores, una sola palabra da título al presente poemario de Pedro López Lara. En este caso, además, Cancionero *designa no solo a la obra en su conjunto, sino también a su sección central, precedida y seguida de otras dos de menor extensión,* Contextos y Fundamentación teórica.[1]

En general, el término, como aclara el diccionario académico, remite a cualquier "colección de canciones y poesías, por lo común de diferentes autores", pero es claro que López Lara piensa aquí, paradigmáticamente, en el Canzoniere *que Petrarca escribió a mediados del siglo XIV y en los poemarios que, a imitación suya, circularon por la España del Siglo de Oro. Así lo revela, desde el comienzo, el poema que abre la parte central del libro, en el que se rinde homenaje a la convención del soneto-prólogo de Petrarca y sus imitadores. Sin embargo, como ocurre con frecuencia en el autor, esa referencia literaria nos sitúa sobre una pista falsa o, al menos, solo parcialmente verdadera. En su soneto inicial, Petrarca condena desde presupuestos morales la historia de amor que presenta en el resto de la obra; López Lara, en cambio, rechaza en el poema prologal esa escisión del sujeto en un yo pasado, protagonista de una historia de amor, y un yo presente, que reniega de ella.*

Luego, los propios poemas del libro evitan también cualquier palinodia, y bastará recordar la tajante afirmación de "Croupier multívoca": "Vale la pena haberte conocido, / unívoca mujer de mil apodos"; o el penúltimo poema del Cancionero, *"Codicilo", que suena tan nietzs-*

[1] En lo que sigue, utilizaré *Cancionero* para referirme a la obra y "el *Cancionero*" para hablar de la segunda parte.

cheano en su deseo de eterno retorno: "Todo otra vez". El poema que le sigue, último de esa parte central, vuelve a dar la réplica a su modelo. El Canzoniere *se cierra, como se sabe, con un poema penitencial, una célebre oración a la Virgen en la que el poeta pide a María que le ayude a superar su amor por Laura-Medusa. Los versos de "Mujer bendita" evocan también el* Ave María, *pero no para dirigirse a la Madre de Dios, sino a la amada misma, que ocupa así el lugar de la figura religiosa, en unos versos de clara exaltación erótica: "Dios te salve, mi diosa, / y bendita tú seas entre tantas mujeres".*

Entre los dos poemas liminares, "el Cancionero*", al igual que el* Canzoniere, *presenta una cierta, y a veces muy trabada, estructura narrativa. Los poemas se engarzan para contar una historia, pero, de nuevo, esa historia poco tiene que ver con la del modelo. Laura, tras su muerte, vuelve en sueños o visiones para consolar y dirigir al poeta, y el desordenado amor* in vita *cede su lugar a una relación más afectuosa y más serena. En López Lara no hay muerte de la amada, y sí, en cambio, la irrupción de un rival triunfante y el final de una historia dolorosamente evocada en la memoria.*

La naturaleza y el comportamiento de los dos protagonistas no hacen más que ahondar esas diferencias. Más que a la Laura petrarquista, la mujer de este cancionero se parece a la mujer fatal de la tradición tardorromántica o a las amadas de Propercio y Catulo, cuyo odi et amo *abre, no casualmente, todo el libro. Al igual que a ellas, el poeta debe buscarla en prostíbulos y garitos de reputación dudosa: un mundo de noctámbulos insomnes por el que la poesía de López Lara se ha sentido atraída desde los primeros libros, y que alcanza aquí un protagonismo indudable. En medio de esa noche fascinante y temible se encuentra la mujer, rodeada de un círculo de adoradores, cuyo dinero acepta sin titubeos ("Legítimo orgullo del perdedor", "Crisófila").*

A su familiaridad con los lupanares, la amada añade su condición de diosa. He apuntado ya las deformadas reminiscencias marianas del poema "Mujer bendita", y en alguna otra ocasión aparece un lenguaje cristiano, como en los versos que saludan así la llegada de la mujer: "Abro de par en par mis templos: el milagro *comienza" ("Recepción de lo sacro"). Sin embargo, la sacralidad del personaje femenino está más cerca del mundo pagano que del cristianismo: ella entra en templos y no en iglesias, aviva el deseo de Zeus y despierta el asombro de las demás diosas. Su misma relación con los prostíbulos parece evocar a las meretrices sagradas de ciertos ritos antiguos, que vagamente situamos en Babilonia, Fenicia o la India, hacia donde apunta también su definición como "diosa cruel, exquisita y arcana". Con lo que parece maldad deliberada, se complace en acumular agravios sobre el poeta o lo exhibe como trofeo en su momento de mayor humillación, cuando él está "en cuerpo y alma hecho unos zorros" ("Lo que hacía", "Trofeo"). Su condición divina consiste, al menos inicialmente, en su cuerpo: "En tus ojos tan solo / se refleja tu cuerpo"; o más claramente: "Tu cuerpo está al llegar / ... / Con él me sobra y basta. / Busquen otros tu alma [...]" ("Sino gozoso", "Recepción de lo sacro"). Solo a partir del poema "El chalado integral" parece abrirse un horizonte diferente, y más angustioso: "Y tuviste que venir tú, amor, / ... / a estropearlo todo y complicarnos la vida".*

Este mundo, a la vez divino y prostibulario, se sitúa, en cualquier caso, más allá de lo convencional, lo socialmente admisible y respetable. López Lara no ha dejado nunca de expresar su ambigua atracción —fingida o real— hacia esos ambientes, y hacia las mujeres que se mueven en ellos. Así, en Museo, *refiriéndose a* Sed de mal, *se coloca del lado de Hank Quinlan, de vida irregular y métodos policiales aún más dudosos, frente al irreprochable Vargas y sus "pulcras mujeres". De forma más abiertamente confesional, en el poema "Marió" de* Escombros, *muestra su desdén por todo "amor de libro, / de previsibles armonías y dentífricos, / de navidades blancas". En la misma vena, el lector encontrará en este* Cancionero *poemas como "No fue una telonera" ("Que otras sean el amor de mi vida. / Eso es vulgar y ella nunca lo fue"), o el autoirónico "¡Cariño!", en el que el poeta se sorprende utilizando la palabra, a la que solo redime la desbordada pasión de todo el libro: "Sí, lo han oído bien: cariño / ... / Pero así eran las cosas, cariño mío, / por aquel acaudalado y hermético entonces".*

Su concepción del amor se sitúa en el extremo opuesto a estos amores de dentífrico y "cariños". La relación con la mujer proporciona una vida que desborda de sus propios límites, como en "Realidad pletórica", o en "Contigo aprendí", donde el poeta se planta ante la vida misma y le dice: "Sí, yo poseí un cuerpo, / que te reconoció y te dejó atrás, / porque llegó a saber de ti más que tú misma". Esa plenitud puede no durar más que un instante, pero es un instante, como recuerda el poeta, al que se puede asentir sin reservas, y que deja sin valor todo lo demás: "Ella fue lo que fue: dueña absoluta de su instante", "Nada ha ocurrido desde entonces, porque entonces / lo absorbió todo" ("No fue una telonera", "La promesa"). En estos versos el amor es locura y destrucción; y, sin embargo, el poeta nunca reniega de él porque es uno de esos "destinos tremendos" que arruinan la vida, pero la regalan previamente ("Un destino"). Para esa ética de la intensidad, la felicidad es irrelevante, y lo decisivo es la realidad pletórica a la que la mujer da acceso.

No puede sorprender, por tanto, que las imágenes tradicionales de la pasión aparezcan una y otra vez, y recobren su vigor primitivo. Así, la imagen de la salamandra, que puede vivir en el fuego, como el enamorado en su pasión; o la del fuego mismo, que deja de ser simple metáfora para incendiar el taxímetro del coche en el que viajan los dos amantes o hacer sonar las alarmas de los bomberos ("El viaje que no fue", "Pirómana"). Como en la poesía de la experiencia, el poeta no desdeña las realidades más cotidianas de la vida en la ciudad: bomberos, taxis, teléfonos móviles, viajes en autobús; pero colocados junto a los sombríos escenarios de la noche y a los metafóricos de la religión se ven envueltos en una atmósfera muy diferente.

En lo que antecede he intentado mostrar cuáles son las líneas maestras del libro de López Lara, y apuntar algunas relaciones con su obra anterior. Quisiera centrarme ahora en tres figuras, a mi entender muy reveladoras, que destacan en el nuevo libro, y que tienen también una larga genealogía en la poesía del autor.

Payasos. Dos son los poemas de Cancionero *que presentan, ya desde el título, la imagen del payaso asociada a los dos protagonistas. En "Clowns", los payasos de la amada la entretienen durante un rato para después morir y resucitar finalmente por orden de ella. En "El payaso de la última noche", un actor de mala muerte recita grotescamente unos versos que la hieren en el cuerpo.*

Un poema con el mismo título, "El payaso de la última noche", aparece en Dársena, *y allí ese payaso "más triste" se disfraza de Amor para fingir que no conoce a los dos personajes, y termina quitándoles la vida con una pistola de juguete. En* Escombros, *el amante abandonado se presenta como "un payaso de colores muertos" que se esfuerza por no echarse a llorar y por esconder el puñal que va a clavarle a la amada. Pero el modelo más acabado de esos amantes-payasos es el profesor Rath de* El ángel azul, *convertido literalmente en payaso por amor, y al que un cinéfilo como López Lara no podía dejar de evocar: en* Museo, *Marlene Dietrich aparece como el prototipo de mujer fatal, que "se convierte en destino / de un infeliz, lo hace feliz y lo tritura luego". Una expresión que recuerda a la que ya he citado en este* Cancionero, *cuando ella, segunda Marlene Dietrich, aparece en su vida como aparecen "los destinos tremendos, los que arruinan / la vida y la regalan previamente".*

Humillados y grotescos, estos payasos (y sus víctimas) conocen al menos el brillo de un destino tremendo, y su muerte no deja de tener una paradójica dignidad, por más que mueran por los disparos de una ridícula pistola de juguete, o resuciten como vulgares marionetas de guiñol. Un poema de Meandros *permite comprender mejor, por contraste, los matices que adquiere la imagen en un contexto amoroso. En "Sede laboral", el poeta afirma que no quiere mirar en su lugar de trabajo para no averiguar "si actúo todavía en ese circo, / con los otros payasos", o si al fin se ha liberado. La imagen es aquí mucho más seca, sin el patetismo que le da su asociación, todo lo irónica que se quiera, con el destino y la muerte en los poemas de amor.*

Vampiros. Al igual que el payaso, el vampiro aparece como personaje importante en dos poemas de Cancionero. *"La vampira" comienza con los versos: "Succionaste mi alma. / Devoraste mi vida. / Vampira desmadrada". En "Falsa alarma" él corre el riesgo de quedar reducido a polvo, como "un penoso vampiro", pero, por suerte, el texto concluye humorísticamente: al amanecer, "estábamos los dos en nuestro féretro, / succionándonos despacio la vida". En el primer poema es solo ella la que* succiona *el alma de él; en el segundo son los dos los que entregan su sangre, pero* succionan *igualmente la del otro.*

Uno y otro planteamiento estaban ya en los poemarios anteriores. En Museo, *la sangre bebida por el vampiro se convierte en el mejor homenaje a la vida ("Nosferatu [1922]"); y en* Iconos, *la imagen vuelve a aparecer en el homenaje al Drácula de Coppola y, más claramente, en el poema "Reciprocidad vampírica": "Cuánto más digno ser sangre que sacia / su apetito ancestral en otras sangres / ... / que recorrer día tras día circuitos anodinos, / deshabitados laberintos en que nada arde".*

Detrás de esa imagen de los enamorados que se desangran está, por tanto, la idea del amor como destrucción, pero también el mismo culto a todo lo apasionado, lo intenso y lo vital que recorre la poesía de López Lara. De hecho, la idea de la sangre nutricia estaba ya en su primer libro, Destiempo, *aunque todavía no se había concretado en la imagen del vampiro sino en la de animal salvaje, "vida en estado puro", que desgarra otras vidas para saciar "su ansia de ser" ("La fiera que aún podemos ser"). De manera parecida, en* Cancionero, *"dentelladamente nos hacíamos daño / ... / Sabíamos que al margen de ella, de la sangre vertida, no éramos. // Que nuestra historia, fuera lo que fuera, la escribía ella" ("Vena a vena"). Para los personajes de estos poemas, no hay amor, ni verdadera vida, ni ser auténtico, si no hay derramamiento de sangre; de la sangre ajena, como sugería el poema de* Destiempo, *de la ajena y de la propia, como matizan la reciprocidad vampírica de* Iconos *y las dentelladas, igualmente recíprocas, de "Vena a vena".*

Por desgracia, no solo los enamorados se succionan la sangre. En Dársena, *la voz lírica advierte hasta qué punto lo ha destrozado la rueda del trabajo, "... cómo fue sorbiendo poco a poco tu sangre, / con avidez monótona" ("La rueda del trabajo"). Y en ese mismo libro, "Frutos del trabajo" explica que lo que el trabajo es de verdad, "su esencia oscura", solo se comprende "cuando el trabajo ha succionado ya toda la vida". Así que ocurre con la imagen del vampiro (y sus víctimas) lo mismo que con la del payaso: que quienes lo son por culpa del trabajo se condenan sin remisión, mientras que quienes lo son por amor adquieren una nobleza que, aunque ambigua, no deja de elevarlos por encima de la trivialidad.*

Ulises. El poema "Perdición íntima" se abre con un verso que remite de forma clara a la Odisea*: "De nada servirán ligaduras y mástiles". El poeta ha interiorizado la música de su amor terminado, y esa música arrastra su memoria a un abismo en el que todavía habitan las sirenas. El poema podría leerse como una prolongación de otro de* Museo, *"Ulises medita la muerte de los pretendientes", en* *el que López Lara retoma los versos de Du Bellay, pero, como suele, contradice a su modelo: "Feliz el que retorna. Y sin embargo / quién fuera el que sucumbe, el que no quiere / ni mástiles ni cuerdas".* Cancionero *nos avisa de que no es posible escapar al canto destructor de las sirenas, "de nada servirán ligaduras ni mástiles"; pero* Museo *nos recuerda que ni siquiera es deseable: feliz "el que no quiere / ni mástiles ni cuerdas". Una vez más, el inevitable naufragio se presenta como preferible a un descolorido retorno.*

En otro poema de Cancionero, *la amada ha situado al poeta en el tercer lugar de la "panoplia de sus hombres", y él se siente orgulloso: "Al fin y al cabo tú no eras Penélope, / y yo [...], / ante infinitos pretendientes, / estuve a punto de ser Odiseo. // De Ítaca mejor no hablemos" ("Legítimo orgullo del perdedor"). La situación es la misma que en el poema de* Museo *que acabo de citar, en el que Ulises se prepara para dar muerte a los pretendientes, pero siente esa acción como una caída: tras haber derramado la sangre de los héroes bajo las murallas de Troya, tiene que derramar ahora "la sangre anodina" de sus nuevos enemigos. La muerte de los pretendientes es, por tanto, el primer paso para una decepcionante "Vuelta a casa", que da título al siguiente poema de* Museo. *En él, Ulises expresa la dificultad de vivir en una isla poblada solo por mortales después de haber conocido a Circe y a Nausícaa, al cíclope y a las sirenas. A la luz de esos versos quizá pueda leerse el final del poema de* Cancionero: *"De Ítaca mejor no hablemos".*

Como todo verdadero poeta, López Lara ha construido a lo largo de los años un mundo inconfundible, definido por un conjunto de temas y de obsesiones recurrentes, de imágenes e incluso de palabras clave que se repiten. En su caso, un mundo fascinante, que encuentra en este Cancionero *una de sus expresiones más personales y más poderosas.*

ÁLVARO ALONSO
(Catedrático de Literatura Española de la UCM)

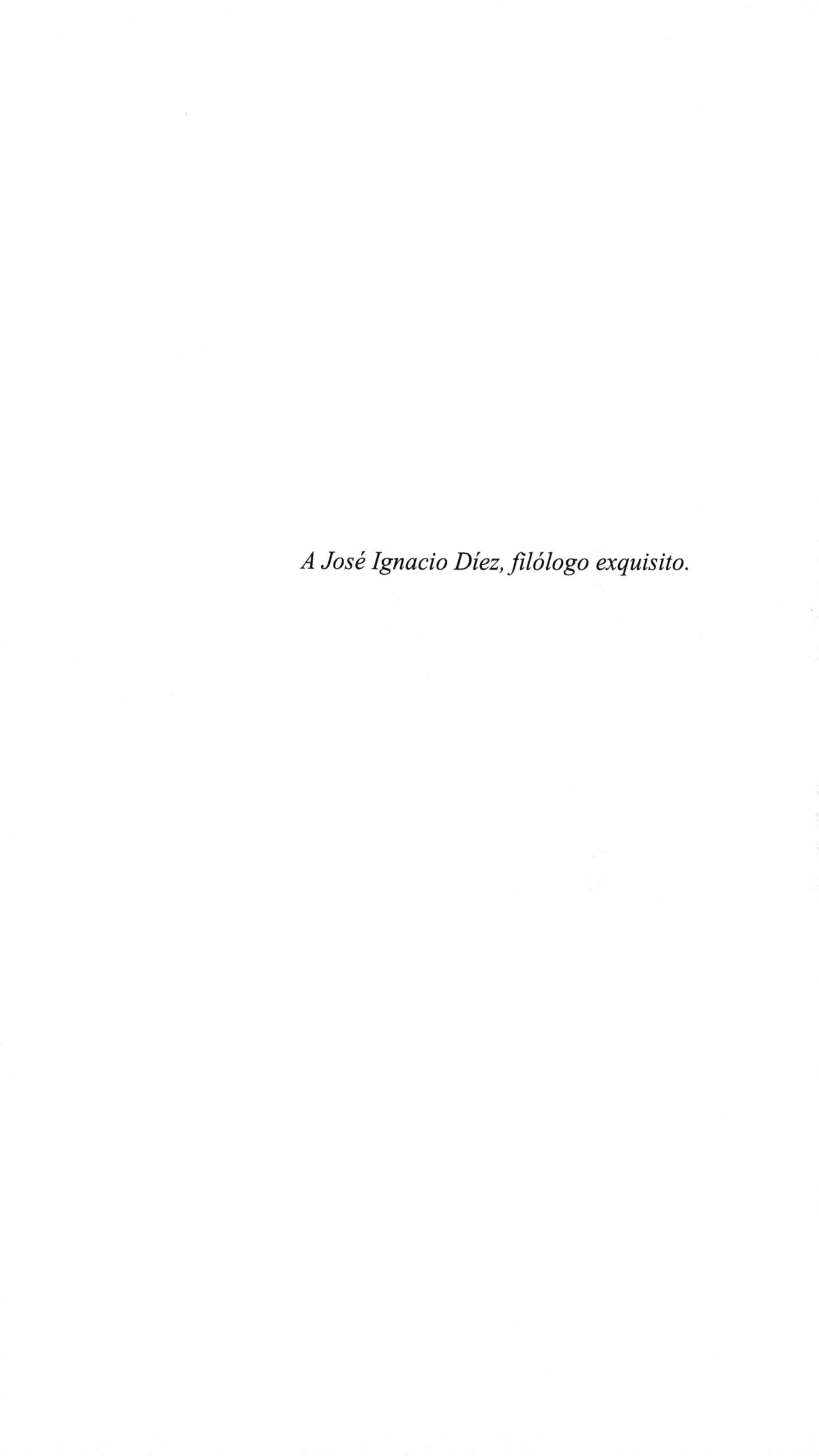

A José Ignacio Díez, filólogo exquisito.

CANCIONERO

Odi et amo.

Catulo

CONTEXTOS

I. INVENCIÓN NECESARIA

Es necesario a veces inventar la vida,
cuando su inercia, su insistencia en ser
lo que es, nos aplasta,
y hace de nosotros lo que somos.
Es necesario a veces fingir otras vidas,
hacerlas realidad y vivirlas, aunque causen daño,
y el dolor acabe también volviéndose monótono.

Es preciso en ocasiones dejar de imaginar
que somos lo que somos y pasar a la acción,
ser sin ningún guión, sin argumento previo,
aquello —nos lo han dicho
y estaban en lo cierto— que no podemos ser,
interpretar, pero con entusiasmo
—fingido— de amateurs, el ansiado papel
que nos encumbre finalmente y desbarate.

II. LA TORRE DE MARFIL

La torre de marfil estaba cerca,
pero ubicada en extrarradios.

Solo lo visto en ella o desde ella,
articulado por afueras,
en íntimos desvíos malversado,
adquiere permanencia, queda,
alcanza contundencia de pasado.

III. LUZ ORIENTADA

Siento esta luz como un alivio y una carga.
Sé de dónde procede, dónde acaba,
lo que dura.
No fue ni ha sido nunca mi lugar,
pero la transité y respeto: estuve en ella.

Luz azul de ciudad, luz hemisférica,
siempre abocada a su otra mitad.

IV. INCIPIT NOX
(NOCTURNOS MODERNISTAS)

I

La noche se insinúa con espasmos pequeños,
pulsiones que agradecen la promisoria brisa,
rumor de corsarios antiguos que presienten
provisional la mansedumbre del ocaso.

II

Todo lo real va siendo lentamente derogado,
el mundo se recrea en letales orquídeas,
las calles se dilatan en presagios,
apacigua incipiente su querencia la noche,
y es melosa y azul hasta la muerte.

V. PRELUDIO

Dejemos que la noche vaya haciéndose,
disponga en orden sus estancias,
dejémosla ensayar su obra,
que haremos nuestra luego,
habilitar sus aparejos.

Así, cuando lleguemos,
todo estará esperándonos,
y sus escurridizas manos
nos abrirán con nitidez la puerta.

VI. EL MENSAJE

No tardaremos en averiguar
lo que esta noche quiere de nosotros.
Todo será sencillo entonces. Nos abandonaremos
a su oscuro designio, dejaremos
que fluya libremente hacia el desastre.

Porque la noche nos transmite siempre
un mensaje sencillo, una tarea
desconcertantemente simple.
Interpretarla mal es privilegio nuestro,
prerrogativa de animal asustado,
de bestia con principios que lo apuesta todo
a la carta más alta, la única marcada.

VII. ENGAÑO Y DESENGAÑO DE LA NOCHE

Quien la vivió lo sabe:
la noche no es tu amiga.

La noche nunca ha sido amiga de nadie:
coge del brazo al primero que encuentra,
lo pasea por sus deslumbrantes bazares
y a la noche siguiente lo deja tirado
en alguna de sus muchas, espléndidas, esquinas,
oscuras, mal iluminadas.
No aprecia tu currículo ni tu experiencia,
tus intimidades anteriores con ella.

La noche es una diosa cruel que te acaricia
con sus dedos amnésicos de seda,
su susurro se acuerda de tu nombre,
te llama y te seduce pronunciando tu nombre,
y cuando acudes la sorprendes traficando
su perdición de sirena con otro,
guiñando a otro su goloso ojo,
óculo gigantesco que se nutre de tu espanto,
pero no te recuerda.

VIII. NOTORIEDAD

¿Mi reputación ha de quedar en manos de unos versos
o, lo que es aún peor, en vuestras manos,
resbaladizas sin remedio?
Mejor la retirada hacia delante,
el regreso a los sitios que, aunque mala,
te la garantizan y sellan, y la guardan.

Ah, ser una leyenda
de mala muerte en lupanares francos,
un rumor que recorre los burdeles.

IX. LA FÊTE FORAINE

Caños del Peral, Leganitos, Silva,
triángulo de las magias parciales,
carpa en la que el prestidigitador ensaya
el truco de las desapariciones,
la intimidad del sable que eviscera el tiempo,
el devorado fuego abrasador de desenlaces.

CANCIONERO

I. SONETO-PRÓLOGO

Mandan antiguos cánones que empiecen
cancioneros de amor con un poema,
soneto a ser posible, hecho con flema,
palinodia de ardores que decrecen,

se distorsionan y su dorso ofrecen,
purificando cuanto fue anatema,
cuando la llaga, absorta ya, no quema,
e infiernos viejos páramo merecen.

Pues no. No habrá de ser servil cautela
quien cauterice lo que no se cierra.
Busquen los forasteros sus avisos

en navíos mercantes, en la vela
que reconcilia el aire con la tierra.
Aquí solo hay piratas irremisos.

II. UN DESTINO

Cuando entreabrí las puertas del local,
tú saliste disparada a recibirme,
como tienen por costumbre hacerlo
los destinos tremendos, los que arruinan
la vida y la regalan previamente.

III. SITIOS DE MALA FAMA

Aquí se viene a eso, me dijiste.
Y sí, todo apuntaba a que en efecto
acertabas. Yo mismo también vine,
hace ya tanto tiempo, probablemente a eso.

Aquí se viene a eso. Así de simple.

Y sin embargo, no, no siempre es cierto;
puede haber más motivos. Por poner un ejemplo:
tú estás allí; yo voy a verte. Así de simple.

IV. ZAPATEADO CÓSMICO

No había nada en ti, tan solo un ritmo
violento, que aguardaba su oportunidad
de hacerse vendaval y bailar luego,
salvajemente, sobre el universo,
dejarlo malherido, proseguir bailando.

Lo sé: te vi hacerlo.
Me obligaste a verlo.

V. CARTAS MARCADAS

Se jugaban los hombres a las cartas
quién iba a ser tu dueño.
Pero tú, guiñándoles a todos un ojo,
enamorabas con el otro a la baraja.

VI. LOS CLOWNS

A veces convocabas
a todos tus payasos.
Nosotros acudíamos,
y hasta momentos antes de morir
te entreteníamos con nuestras gracias.
Después,
volvías a estar triste y nos resucitabas.

VII. ZEUS IMAGINARIO

Cuando te complacías en jugar al Hades
e improvisabas para mí inauditas penas,
yo recordaba los versos de Arguijo:
me consolaba imaginando
que no eran mis entrañas entregadas
a una vulgar rapaz o un ave carroñera,
sino en las aras inmoladas
de una diosa cruel, exquisita y arcana.

VIII. LOS DOS LO HICIMOS BIEN

Te dije lo que eras: mentirosa innata.
Y tú, sonriente, inmune al insulto
y sin haberla visto, repetiste
la infame pregunta que cierra *À bout de souffle*:
¿Y eso qué es?

También plagié la escena yo: con el desdén
por las miserias de esta vida que suelen mostrar
los fatigados y los muertos,
te miré desde otra dimensión y no te contesté.

IX. ESPEJO DEL ALMA

En tus ojos tan solo
se refleja tu cuerpo.

Tu alma, despechada,
ha buscado a destiempo
en los ojos de todos
refugio; no la vieron.

No tenían opción:
tu cuerpo estaba en ellos.

X. TRISTE PRINCESA

La tarde había sido plena, pero tú estabas triste.
La princesa está triste, me dije, y sin embargo
el príncipe de Oriente, o sea yo, está a su lado.

Tu silencio tenaz y melancólico
me iba sumergiendo en un océano de cábalas
—debiste de pensar Este hombre es tonto—,
donde la noche naufragó, sin que yo consiguiera
adivinar la simplicísima verdad:
deseabas cobrar, no por la mercancía, esa la dabas gratis:
los honorarios devengados por quien oficia amor.

XI. ASÍ EMPIEZAN LOS TODOS

Era ya tarde, madrugada, y yo no conseguía
desconectar el móvil.
Entonces cometí el error-destino
de requerir tu ayuda.

En un brillar de manos atrapaste
mi número, la clave que te daba acceso
a todas las estancias de mi vida,
incluida la intacta del tesoro,
todavía vacía, a la espera
de que tú la colmaras de palabras y risas,
de talismanes y momentos,
de exóticas bisuterías,
de escenas proyectadas hacia atrás
en el siempre inminente tobogán del tiempo.

Lograste las coordenadas del botín
aún inexistente y que ibas a expoliar

XII. SINO GOZOSO

No tenías sentimientos, y eso es siempre
difícil de aceptar.
Yo tampoco lo hice.

Pero lo recordaba antes de verte,
lo recordaba cada vez, para poder sentir
que verte carecía de sentido.

Que era solo una orden, un precepto exultante.

XIII. AIROSA CAMINABA

Beatrices y Lauras, Lesbias, Nises,
se inclinan reverentes a tu paso,
te ven pasar atónitas las diosas,
los dioses, ávidos de tu belleza.

Agazapaba Júpiter sus garras,
su memoria de águila que añora nuevas presas.

XIV. QUIÉN FUERA BILL

Vimos Kill Bill sentados a la barra,
mientras la gente alrededor
besaba y se reía.

Tú parecías fascinada
por esa historia de amores que se vengan
y que como todos los amores culmina
en ritual de sacrificio. Yo
te miraba orgulloso,
con orgullo de viejo preceptor
ante la bella y joven alumna aventajada.

Te iba queriendo un poco más en cada escena.

Y ya al final habría dado cualquier cosa a cambio
del privilegio de tender mi pecho
para que en él pudieran delinear tus manos
letales y exquisitos arabescos.

XV. COMIDA MÁGICA

Te disponías tú a explicarme
—era un regalo: celebrábamos
mi cumpleaños, te lo había pedido—
cómo son esos sitios en los cuales
quienes fueron personas
se cruzan —sursum corda— cuerpos y miserias.
Fue justo entonces cuando reparé en mi error,
y te dije que no, que mejor no saberlo,
que pidiéramos más vino.

Así lo hicimos y las horas se volvieron mágicas,
cada una de ellas real, con su cuerpo y con todas sus almas,
cada una de ellas un cuento de hadas
en el que incluso el camarero estaba encantado
y al vernos tan felices nos dejaba fumar.

XVI. LA PINTADA

Vi camino de ti una pintada:
Estamos locos. Y sentí
una alegría delirante que corroboraba
el quehacer pletórico del viaje,
el mundo desbordante que iba a estar allí,
preliminar y cortejándote, rodeado de ti.

XVII. RECEPCIÓN DE LO SACRO

Tu cuerpo está al llegar.
Poco o nada me importa
que otra vez venga solo.
Con él me sobra y basta.

Busquen otros tu alma. Mientras tanto,
despreocupado de tareas vanas,
preparo el advenimiento.
                                        Tu cuerpo,
incluidas por cierto todas y cada una
de sus muchas, adorables secciones,
va a acontecer, es inminente.
                                            Abro
de par en par mis templos: el milagro comienza.

XVIII. RELAMPAGUEANTE

Como el nacimiento y muerte de un dios,
fueron tus días en mi cuerpo,
su estancia en él.
Trayecto de divinidad fugaz
que incoa y aniquila misterios eléctricos.

XIX. EL VIAJE QUE NO FUE

Compartíamos el asiento trasero de un coche,
cuya ruta no fuimos capaces de alterar.
Habría sido, sin embargo, muy sencillo
decirle al conductor la verdad: que en el fondo no íbamos
a ningún otro sitio,
que estábamos a gusto allí y nos fiábamos de él,
que siguiera su instinto y se dejase llevar,
sin preocuparse por nosotros.

Que no nos avisara
cuando el taxímetro empezara a arder.

XX. BUCLE

Y preguntaste cuál sería el programa de festejos
—con palabras que la descorchaban— esa noche,
aquella noche señalada en los horóscopos
propiciatoriamente: ya se sabe, fallan siempre.

Pero abstraigámonos del desenlace:
la noche estaba siendo y fue
—lo será siempre: recordad: no hay desenlace—
inacabable, plenipotenciaria,
con vocación de hacerse eterna,
de repetirse interminablemente,
de volver a empezar una vez más,
de interminablemente volver a empezar,
de volver a empezar y a empezar y a empezar:

Cuál va a ser esta noche el programa de festejos

XXI. LO QUE HACÍA

Me gustaría hacerme pequeñita,
meterme en tu cartera,
saber lo que haces.
¿De verdad quieres saberlo?
Esto es lo que hago:
levantarme temprano,
acudir al trabajo,
voltear en la mente tu penúltimo agravio,
en cada rostro alucinar el tuyo, en cada voz
oír únicamente
la tuya, inabarcable, susurrante,
mirar a todas horas el reloj,
salir, atropellar un taxi,
ordenar al taxista que te halle.
Decirle
que, si consigue que culmine en ti, le pagaré
con lo que quede de mi vida la carrera.

XXII. FALSA ALARMA

Me revelaste quién era en realidad el vigilante
y amenazaste con contarme más verdades,
que al instante yo supe inconcebibles, enormes,
de esas que te convierten en bloque de piedra
o en penoso vampiro que ha quedado
estremecido a polvo por tardíos amores.

Pero por suerte no hubo más epifanías.
Tendió sus conocidas
hechicerías la noche, y al alba
estábamos los dos en nuestro féretro,
succionándonos despacio la vida.

XXIII. LOS INQUILINOS DEL PRATER

Tu apartamento en la Gran Vía, en una octava planta,
desde la cual podía divisarse el mundo,
el mundo habitual, aunque ahora distinto,
las repentinas calles que yo bien sabía
—pero sin transmutar aún, tan solo a ras de suelo—,
calles nocturnas, nidos ahora de insectos,
que no nos conocían: a nosotros, los dueños del mundo,
montados para siempre en la noria del Prater.

XXIV. CONFUSIONES LINGÜÍSTICAS

Yo te iba amando lentamente en latín, recitaba
los versos de Catulo
(quantum amabitur nulla),
pero tú discrepabas y decías
con progresiva suavidad que era italiano,
y así nos enredamos
en una deleitosa confusión de lenguas,
que dilatadamente nos corroboraba exhaustos.

XXV. ¡CARIÑO!

Iba en el autobús cuando sonó el teléfono,
y, al cabo de un embelesado rato,
me sorprendí diciendo Cariño.

Sí, lo han oído bien: cariño,
por primera vez en mi vida y con cuarenta y tantos años
—Benedetto o maledetto sia il giorno: ¡cariño!—,
como un vulgar Amado Nervo enamorado.

Pero así eran las cosas, cariño mío,
por aquel acaudalado y hermético entonces.

XXVI. MAGA

Estás aquí. Es solvente
de nuevo el mundo: acatan, dóciles,
tu hechizo los relojes,
la noche tus poderes.

XXVII. LA MANDRÁGORA

Si un día he de morir
—lo cual, me dicen todos, es probable—
en una triste horca,
sé tú mi única mandrágora.

No permitas que una planta cualquiera
usurpe lo que es tuyo.

XXVIII. ALLÍ

Era Argüelles, y estabas
en la acera de enfrente,
puntual y perfecta, a una distancia
que yo sabía transitable, y transitaste,
pasando inolvidablemente
por mí —para después, pero de mucho tiempo,
dejarme atrás—, que sigo allí.

XXIX. ANONIMIA SUFICIENTE

Fue mi mayor error ponerte un nombre,
individualizarte.
No haber sabido contentarme
con el esporádico reconocimiento labial,
las anónimas y placenteras huellas digitales.
Con el identificable retrato robot
de alguien que nadie busca.
Con el prototipo
que tú sabías encarnar tan espléndidamente.

XXX. EL CHALADO INTEGRAL

Se imponía por aquel entonces
con naturalidad el sexo entre nosotros,
imperativo y loco,
pero dentro de un orden razonable.

Y tuviste que venir tú, amor,
una vez más, el chalado integral,
a estropearlo todo y complicarnos la vida.
Para acabar, una vez más, como te gusta:
dejándonos tirados y gastados,
y de remate locos,
sin sexo, por supuesto,
sin orden razonable,
sin saber qué ha pasado,
por qué no funcionaron
los sistemas de alarma,
las trampas que pusimos por la casa.
Sin entender por dónde entraste, cómo
llegaste hasta nosotros
sin que nos enteráramos, por dónde
te marchaste, tras habernos dejado
caer en todas nuestras trampas,
recíprocamente sangrantes,
sin ganas de hacer nada,
excepto suicidarnos o matarte.

Pensándolo mejor, matarte.
Mejor matarte.

XXXI. ESPERA Y RECOMPENSA

Saliste al fin de aquel tugurio
—yo llevaba ya horas esperándote
bajo la lluvia,
sentado en el banco de enfrente y sin tabaco,
no me atrevía
a levantarme y comprar un paquete,
a abandonar el puesto—,
y me dijiste Gracias,
te sentaste a mi lado y me pediste
un cigarrillo.
                    No tengo, te dije.

Después nos fuimos juntos.

XXXII. EL TROFEO

Estábamos afuera, cerca de mi casa,
con barba yo de muchos días, precozmente blanca,
sentado en un peldaño de alguna escalera,
en cuerpo y alma hecho unos zorros.

Y tú, menos dañada por la noche,
prácticamente incólume,
mostraste súbito interés por sacarme una foto.
Parecías entusiasmada, no sé por qué
—o sí lo sé—,
con la idea de captar
aquel poco glorioso instante.

Creo que sí lo sé:
querías un trofeo de la presa cobrada,
que luego disecado pudieras colgar
en el ángulo oscuro de tu fiera memoria.

XXXIII. LEGÍTIMO ORGULLO DEL PERDEDOR

Me dijiste una vez que en la panoplia de tus hombres
mi puesto era el tercero.
Teniendo en cuenta el número, el innúmero elenco,
me sentí un triunfador:
había competido dignamente, sin trampa ninguna,
vencido a miles de adversarios,
y en justo premio heme ahí —broncíneo ecce-homo—
accediendo con orgullo legítimo al podio.

Al fin y al cabo, tú no eras Penélope,
y yo, en circunstancias más difíciles
—ante infinitos pretendientes—,
estuve a punto de ser Odiseo.

De Ítaca mejor no hablemos.

XXXIV. NO ERAS TÚ

Debo estar confundido.
Te vi pasar al lado de mi puerta,
y tú no eras.
Serías otra, tú habrías entrado.
Irías sola, tú no eras.

XXXV. POLIFACÉTICA

Jugábamos al juego de la princesa argiva:
ibas vertiendo tú el divino néctar,
y en una prodigiosa pirueta involutiva
recolectabas luego las monedas.

XXXVI. ENIGMA AXIAL

Cómo será la esfinge de este amor,
el acertijo que proponga.

Cuál de nosotros —ambos
sabemos la respuesta—
hará de portavoz y jurará
que no sabemos nada, que lo nuestro
no fueron nunca las adivinanzas.

XXXVII. CUENTO SIN FIN

Inventé un cuento para ti,
en el que nos matábamos, y luego
yo investigaba el caso.

El cuento no tenía fin.

XXXVIII. PROVISIONALIDAD DE LOS CUENTOS

Tengo miedo de que seas real,
de que no seas un hermoso personaje de cuento,
un bellísimo animal mitológico,
de que me lo confieses un día
y una noche al reabrir alguno
de los libros en que leo nuestra historia
no estés en él, hayas huido.

XXXIX. SIMULACRO INCAPAZ

Te envié una foto mía, de joven, una imagen
que el tiempo y sus tecnologías habían trucado.

Y esta vez sí: al parecer, te enamoraste
de ese simulacro incapaz
en su momento de encontrarte,
ahora de resucitar por ti.

XL. CADUCIDAD PREVISTA

Todo en ella es promesa de pasado:
su mirada, sus gestos, sus andares,
su voz, que se diría hecha de recuerdos,
el repertorio inagotable de sus manos,
la manera que tiene de decir te quiero
o de decir que no, que no te quiere.
O bien: te quise pero no te quiero,
te quiero y no te quiero,
nunca te quise o te querré algún día.

Todo en ella es promesa de abandono,
anuncio de caducidad,
flor perpetua de un día.
Esa mujer te obliga a vivir cada instante
como si fuera el último,
porque es lo más probable y además te lo ha dicho.

XLI. LA NOCHE SOLICITADA

Aún recuerdo tus labios al caer la tarde
diciéndome, dictándome:
Quiero una noche grande.

Tal vez te entendí mal o fuera un sueño.
Lo habré soñado. Pero entonces,
¿qué hago yo aquí,
solo, perdido,
en medio de esta noche inmensa
que traje únicamente para ti?

XLII. ESQUINADO

Perdido en todas tus esquinas,
el camino de vuelta —no existía:
llevaba a la locura— llevaba a la locura.

XLIII. EL NOMBRE

Tú creías que estaba dormido, pero oí
un nombre hipocorístico y trivial,
que por extensos años me siguió e hiperseguí,
y ahora —habláis, no estoy dormido, continúo allí—,
igual que todo lo demás,
quiero creer que me da igual,
                                        pero quién era.

XLIV. EL NOMBRE PERSEGUIDO

Unas palabras recibidas al azar —un nombre propio—,
y que nunca podremos dejar de haber oído.

Palabras pronunciadas por quien las cree inaudibles
para aquel que no sea su interlocutor.
Voces cuyo significado,
que desde el primer instante sabemos
indescifrable y destructivo,
nos va a burlar toda la vida, haciendo de nosotros
descoyuntados hermeneutas: buscadores
de una verdad que en lo esencial conocen,
pero cuyo preciso cadáver necesitan hallar,
acreditar y luego someter a tortura,
hasta que cada uno de sus huesos confiese
su prolijo detalle alucinado.

XLV. AL BUIO NON SI TROVA

Encerrado en tus ojos,
no supe ver la puñalada.
Al parecer me lo advirtieron:
no pude oírlos porque estaba
veraneando acuchillado en tu mirada.

XLVI. CONVULSIÓN

Y entonces fue cuando te vi, vi qué estabas haciendo,
a mis espaldas, pero solo a un metro
de distancia, pegada a la pared
—entre tú y yo, aquel hombre,
al que besabas y metías mano,
no tanto con pasión como con la furia demente
de quien odia o se venga, de quien ha medido
milimétrica y desmesuradamente
el puñal y la herida que va a usar—.

Sabías que antes o después me volvería.

Sabías que me quedaría inmóvil, en la barra,
sin poder entender, que no iba a perseguiros
ni a los servicios —estuvisteis allí,
me lo dijeron, sabías
que iban a decírmelo—
ni al cuarto reservado —estuvisteis allí—.

Sabías muy bien cuánto había pagado
—no mucho antes de que me dijeras: Mira,
te presento a un viejo amigo, ¿te importa
que esté un ratito charlando con él?
No, claro que no, ¿cómo va, cómo iba
a importarme?— por pasar esa noche contigo.

XLVII. BASTA UN DESCUIDO

La voluntad de olvido puede dar sus frutos,
que, cuando más acabados, nunca son completos,
frutos que desembocan en figuras
totémicas, iconos,
cuya elucidación se superpone a la repulsa que suscitan.
Son deidades azarosas, obscenas,
de invocación involuntaria,
pero también fugaz,
de las cuales la vista se retira,
no por pudor, sino por miedo.

Bien entrenada, la memoria
puede hacer eficaz ese conjuro.

Bastará, sin embargo, un descuido,
apenas un segundo de demora,
la mínima definición de un solo rasgo,
para que poco a poco la imagen cobre vida,
y ese rasgo convoque a los otros,
y sea cada uno de ellos
ocasión de un recuerdo preciso, ya imparable,
cangilón de la noria incomprensible
que empezará a girar hasta alcanzar su ritmo fijo
y ser entonces
unánime protagonista de la feria
en la que no queríamos entrar de nuevo.

Y lo que fue real, y luego rito execratorio,
ahora convertido en simulacro,
declinará su largo número circense

ante los ojos fascinados, clavados a su asiento,
de un solo espectador, que se sabe aludido
por lo que ve y se parece a lo que vio,
incapaz de saber si lo vio —porque lo vio y era insoportable—,
de proseguir mirando o desviar la vista, de entender.

Porque ese recuerdo no es ya un recuerdo,
ni hubo allí nada que pudiera recordarse:
solo unas manos que se aferran al mármol frío de una barra,
para no estrangular o ser estranguladas,
y unos ojos que se fingen perdidos y empiezan
a no saber ni comprender, no querer ver,
comienzan a jurar —lo van a hacer ya siempre—
que ellos no han visto nada,
que ni ellos ni sus manos —aferradas—, nadie —mirando a
    los testigos—,
nadie, jurádmelo por Dios, habrá nunca visto nada.

XLVIII. VAMPIRA

Succionaste mi alma.
Devoraste mi vida.
Vampira desmadrada.
Beso negro en el centro
de la jodida nada.

XLIX. CON PERMISO DE BORGES

Nadie rebaje a lágrima o reproche
esta declaración de tu maestría,
que vertía la demencia en los hombres,
lascivia en sus enloquecidas vísceras.

L. CRISÓFILA

Haré grabar tu nombre en letras de oro,
rindiendo un sincero homenaje a tu memoria,
que, tras cribar la retórica escoria,
sabrá, como hizo siempre, agradecerlo.

LI. CAPERUCITA

Eres bien conocida
en todo el bosque.
Y hace tiempo que el lobo
se esconde cuando oye
tus pasos anhelantes.

Déjalo ya, Caperucita.
No hay Dios que te devore.

LII. CALVARIO

Crucificados
en una misma cruz. Enfrente
uno del otro, proferíamos
insultos y blasfemias, palabras de amor.

A nuestro lado un único ladrón
bifronte: tú y yo,
sustrayéndonos todo, enloquecidamente
codicioso de amor.

Y al pie solo nosotros, escupiendo amor.

LIII. VENA A VENA

Dentelladamente nos hacíamos daño,
con encarnizamiento que tan solo al sangrar
acreditaba vena a vena abierta nuestro extraño amor.
Sabíamos que al margen de ella, de la sangre vertida,
no éramos.

Que nuestra historia, fuera lo que fuera, la escribía ella.

LIV. ESTUARIO DE LOS MIEDOS

Te tuve siempre miedo. Tú a mí, solo al final,
cuando empezaste a escuchar mi voz.

Mi voz que abría mundos nuevos para ti,
mundos que tú aprendías a soñar con ella,
a intuir como algo seductor y quizá realizable,
una tentación que llamaba a tu cuerpo y tendía la mano,
un riesgo amable que sería enigmático correr,
una trampa encantada en que caer.

De ahí que tus ojos escrutaran los míos,
como si fueran en ellos a hallar una respuesta,
tal vez la clave que te permitiera
descifrar esa rara sensación,
perturbadora y novedosa para ti,
todavía sin nombre.

Poco podíamos mi voz y yo improvisar para ayudarte.
¿Decirte acaso que no hay claves,
que el miedo es algo simple pero hermético,
que nada puede hacerse contra él?

Mejor callar y contemplar tus ojos,
más hermosos que nunca, porque el miedo embellece,
ver relampaguear en ellos el recelo,
vertiginosamente acumulando desenlaces.

Mejor fingir que no pasaba nada,
que no sabía yo cuál era el naipe
en que iba a detenerse la ruleta.

Preferible con mirada franca rechazarlo todo,
disipar para ti cualquier sospecha:
no, no habían sido nuestros miedos los que habían forjado
la bola de la mala suerte que tus manos
acariciaban ya en la baraja.

LV. AUGE Y CAÍDA DE NOSOTROS

Por si alguien no conoce aún el término,
haré constar aquí
el significado de nosotros y cómo
se pronuncia. También cuál es su uso recto.

Son cosas que aprendí
cuando éramos tú y yo,
y habría sido necesario estar muy loco
para atreverse a conjugarnos en pretérito,
chiflado por completo para concebir
un nosotros privado de nosotros,
un tú y yo sin ninguno de los dos,
demente hasta los putrefactos huesos
para entender lo que pasó —no podía ocurrir:
tú por ahí, por allí yo—, un disparate
que volvería loco de remate al propio Dios.

LVI. FRASES HECHAS

Se acabó lo que se daba.
Y tú y yo lo entendemos.

Pero quién va a explicar a quienes fuimos
—a quienes compartieron
caricias y miradas,
los gestos y los cuerpos,
la risa en que cabía
holgadamente un mundo entero—
este final absurdo, este cuento indecente
que dos desconocidos traman
en un futuro que no existe.

No podrán comprenderlo.
Y harán bien, tú lo sabes.
Pues tú y yo somos ellos.

¿Se acabó lo que se daba?
No: lo que se dio es lo cierto.

LVII. LA PRUEBA

Dices que no queda nada.
Mentira. Mira bien.
Mira mis manos:
tiemblan, ¿verdad?
Tiemblan: verdad. Y no es por nada.

LVIII. EL PAYASO DE LA ÚLTIMA NOCHE

Para esta última noche he contratado
a un actor de mala muerte, caído en desgracia.

Quiero que, declamándolos grotescamente, te recite,
destrozándolos, versos que no conoce ni son suyos,
versos que con minuciosidad de bisturí
diseccionaban y herían tu cuerpo,
en la cadencia precisa que les iban dictando
ultrajes y silencios.

LIX. ANDA, SI ME QUERÍAS

Fue el último día cuando, sorprendida, dijiste
¡Pero tú me querías!
                                        Debo ser
muy torpe o quizás amnésico: creía
haberlo insinuado antes,
haberlo inscrito en tus entrañas, habértelo
jurado con menguante sangre día a día.

LX. REDUNDANTE

Que si te veo por la calle me haga el loco.

Prevención innecesaria:
no tiene que fingir locura aquel que la padece
y en tu nombre la enarbola como un estandarte.
Quien está loco cuando va por la calle, cuando duerme,
cuando simula trabajar o finge estar en casa,
cuando te ve por todas partes —aunque estés—,
cuando no puede verte, y entonces enloquece.

Cautela innecesaria y ultrajante.

LXI. CABALLEROSIDAD

El taxi era nuestro idioma: me llevó hasta ti,
y tú te fuiste en él. Recuerdo
tu gesto de recelo,
que hube de apaciguar: No temas, solo
estoy abriéndote la puerta. No entraré.

LXII. LOS MUERTOS NO COGEN EL TELÉFONO

Luego llamaste alguna vez.
Pero los muertos no cogen el teléfono,
no responden a ninguna llamada.

Son ciegos que han perdido el don del habla.

LXIII. EL AÑADIDO FALAZ

No es Te querré siempre ni Siempre te he querido.
La mentira mayor,
la que, vista en perspectiva, dura más,
es Te quiero.
Un Te Quiero escueto, al que el tiempo
añade Siempre luego.

LXIV. STEMMA

Qué dijo aquella noche:
Te quiero,
Te amo
o Estoy enamorada
(sin más, sin especificar de quién).

Si se fijan ustedes, no es lo mismo,
aunque al cabo, pensarán, lo mismo dé, y en eso
hasta podría darles la razón, pero lo cierto es
que la univocidad del desenlace no puede deshacer
ninguno de los nudos anteriores, el eco
de las ilimitadas palabras posibles,
el errático clamor de las que fueron dichas
y ahora con justicia exigen
revisión lapidaria, edición crítica
de cada esquela y de cada epitafio.

LXV. UTILIDAD DE LA PALABRA DADA

Me habías dado tu palabra, pero luego
solicitaste su devolución.
Lo hice. Así, devaluada,
provisional, prestada,
de nada me servía.
En cambio, para ti
era algo importante,
un objeto de cambio,
un talismán eficaz y liviano,
indefinidamente reciclable,
un yoyó que concita la avidez de las manos,
la burla y retorna a su dueña,
para entrar otra vez en el mercado
y circular de nuevo,
su valor con cada muesca acrecentado.

LXVI. COBARDES

Les diste a los recuerdos motivos para odiarte.
Pero no quieren o no pueden. Malditos pusilánimes.

LXVII. PIRÓMANA

Lo viví, no fue un sueño.
Una noche, a tu paso,
hicieron los bomberos sonar sus sirenas.

Un homenaje merecido a tu belleza,
pero también, sin que ellos lo supieran,
un mensaje de alarma:
en ti todo era fuego.

No fue un sueño: lo vi, ungí sus llamas, podría
enumerarlas, ardí en él.

Doy fe, no fue un sueño, ardí, no me arrepiento.

LXVIII. CICLO ESTOICO

Oigo una voz, y parece la tuya.
Dice que vaya y obedezco.
Nada ha cambiado, pues. Todo está en orden.

En cuanto oigas mi voz, y la obedezcas, vengas,
podremos otra vez prendernos fuego.

LXIX. PERDICIÓN ÍNTIMA

De nada servirán ligaduras y mástiles.

La música aquella, la que interpretamos juntos,
circula por mis venas,
orienta mi memoria a abismos viejos,
donde prosiguen, entre risotadas, ahogándose,
circulares y vertiginosas, las sirenas.

LXX. NO FUE UNA TELONERA

Que otras sean el amor de mi vida.
Eso es vulgar y ella nunca lo fue.
Ella fue lo que fue: dueña absoluta de su instante.
Un instante cruel, interminable, regio,
del cual a nadie en su sano juicio
—y yo no lo conservo:
de lo real que se hinca no se sale indemne—
le sería concedido renegar jamás.

LXXI. CROUPIER MULTÍVOCA

Vale la pena haberte conocido,
unívoca mujer de mil apodos,
sibila que reparte almas marcadas
y nos ordena con voz suave: Juega.

LXXII. TRANSFIGURACIÓN DE LOS TÓPICOS

Has sido, aunque me sea un tópico decirlo,
axioma y anatema, cima, vértigo:
qué pueden importar los tópicos, si fuimos
destruyéndolos todos,
incluso los más bellos, si todos los hicimos
mitos y realidades solo nuestros,
cuando en días sin huella íbamos dejando
la vida exhausta, rezagado el tiempo.

LXXIII. SÍNTESIS

En ti —epítome y colofón— estaban
enteras las mujeres anteriores:
las reales, las inexistentes, las imaginadas,
las inimaginables, sustraídas
de una razón cansada de sus monstruos,
pero perseverante en desvaríos.

Mujer demonio, inserta en animales que deliran,
contorsionista que se distorsiona en frenéticos giros,
malabarismos imposibles, acrobacias dementes,
de cuyo impúdico desmán lo obsceno abjura.

LXXIV. CONTIGO APRENDÍ

Contigo supe del instante que brillaba en el verso de Goethe,
de la tristeza irredimible de las noches,
noches que iban transcurriendo en vocación de amnesia,
desmemoriadas ya en su exultante despliegue,
noches secretas de los dioses griegos,
que procuran destino a los mortales.

Contigo descubrí lo inescrutable:
las manos que se aferran —rígidas— a una barra de bar,
la vida que supura ambivalencias,
la perentoria nitidez de las risas diáfanas, las lágrimas
que destilan las cosas, cuando ellas,
inmunes hasta entonces,
aceptan el relevo de los ojos vencidos,
inhabilitados ante lo imposible evidente.

Contigo conocí los inexorables recuerdos,
que serpentean en el alma para siempre,
que permiten al alma plantarse ante la vida,
de tú a tú decirle:
                    Sí, yo poseí un cuerpo,
que te reconoció y te dejó atrás,
porque llegó a saber de ti más que tú misma.

Contigo sin averiguarlo aprendí todo:
lo que en nosotros hay de anfibio subterráneo,
de animal primigenio, pues su sangre hereda
la piel en apariencia ilesa de la salamandra,
su íntima y cabal experiencia del fuego.

Contigo aprendí todo: el fuego, el fuego, el fuego,
las declinables formas del amor,
su genuflexa y sustantiva incandescencia.

LXXV. LA PROMESA

Nada ha ocurrido desde entonces, porque entonces
lo absorbió todo:
los colores, la luz, las palabras, los gestos,
la vida, entonces aún entera, todo
lo que era imaginable y se hizo real,
cuanto creíamos que no lo era
y fue también real.
Todo, así pues, sin paliativos. Y aquello
hizo promesa de repetición y permanencia,
cerró su única puerta y echó la contraseña al fuego.

Por consiguiente, nada
ha podido ocurrir desde entonces. Y nosotros
somos solo impostores que perjuran
no haber estado allí o haber huido
en el último instante, dos prófugos inconcebibles
que tal vez hayan conseguido
engañarles a todos y a sí mismos. Nos da igual, a nosotros
nos da igual lo que piense
la gente forastera, quienes no están aquí,
donde todo es real y ha prometido seguir siéndolo.

LXXVI. SE HIZO LO QUE SE PUDO

Visitar el museo del Prado, detenerse
ante un cuadro de Rubens, de Rubens o Tiziano,
desayunar a ciegas en un bar que no cierra,
abrir bajo la lluvia un paraguas mojado,
entrar en una tienda para no comprar nada,
esperar la llamada de un teléfono fijo,
retener las palabras, negarles vida propia,
recorrer calles muertas en noches de ignominia,
comer aquí o allá, porque no importa el sitio,
escuchar en silencio una vieja balada,
leer versos gastados que aún no han sido escritos,
dilapidar el tiempo, dejar su cuenta a cero,
salir de madrugada, beber hasta las tantas,
bailar en discotecas que un dios loco regenta,
saber que un cuerpo es solo la memoria de un cuerpo,
contemplar sin asombro la muerte de los otros,
rezar a San Patricio, celebrar el presente,
aceptar lo indecente, tener diez años menos,
haber paseado juntos por el Retiro un día,
haberte conocido en Lima o en Santiago
de Chile.
Todas las cosas que han sido y no han sido.

LXXVII. ENSOÑACIÓN

Miro hacia atrás.
Estás.
Mirándome.

Invisible y lejos
—solo un mal recuerdo—, el Hades.

LXXVIII. PALABRAS INMANENTES

Conservo las palabras, pero no tu voz,
que las volvía manejables, mías.
No puedo, desde aquí,
sin ella, con ellas
                                        hablar de ti.

Pero lo hice entonces,
                                                cuando ambos tuvimos
una voz que era suya y sabían usar.

No se han perdido, pues: forman parte de aquello,
de todo aquello que no quiere ahora,
fuera de su tiempo y de nosotros —de sí mismo—, ser dicho.

LXXIX. EL POEMA EN LA PIEDRA

Falta un poema: aquel que no supimos
componer, y por respeto a nosotros,
a las sombras espléndidas que fuimos,
cuando sería ya sacrílego u obsceno,
no quiero ser ahora capaz de escribir:

Sigue en la piedra, por tanto, clavada la espada,
la aventura que se niega a cerrarse, aguardando
nuestra caricia, el tacto
legítimo de nuestras manos.

LXXX. CODICILO

Todo otra vez.

LXXXI. MUJER BENDITA

Cuando el ángel te dijo: "El Señor es contigo",
tú te temiste —y con razón— lo peor.
"¿Qué señor será ese? ¿Tendrá dinero en efectivo?".

Pero el señor venía tan solo a bendecirte;
su ángel transmitía un mensaje sencillo:

Que siempre te protejan el cielo y el infierno,
los tronos celestiales, los santos y las vírgenes,
que en los libros sagrados conste solo tu nombre,
como una letanía gozosa que repiten
las bestias y los hombres: "Dios te salve, mi diosa,
y bendita tú seas entre tantas mujeres".

FUNDAMENTACIÓN TEÓRICA

I. OBSTINACIÓN

Probablemente el amor sea
decir no sé quién eres o tú no eres así,
o no te reconozco.
O cualquier otra cosa con tal de no aceptar
la evidencia y admitir nuestro error:
nunca supe quién eras, jamás te conocí.

II. GERMEN

Se preceden y complican, desenlazan siempre,
los cuerpos en palabras.

De esa mixtura original proceden
todos los desconciertos: confusiones diáfanas.
De aquella contaminación intrínseca,
los Yo quise decir o Tú decías,
el semen que argumenta, las caricias tácitas.

III. EL VALOR DE LO ADQUIRIDO

Nunca comprenderéis por qué pagué
cuanto tenía por un sueño ajado,
mi vida entera a cambio
de un paraíso de segunda mano.

No podéis entenderlo: no sabéis
quién lo creó,
qué sueño original fue su modelo,
qué clase de árbol puso el soñador
en el centro cifrado de su sueño.

IV. REALIDAD PLETÓRICA

Cuando arrojaba lo real,
en términos porcentuales,
un dato superior al cien por ciento: entonces.

V. ERA IMPOSIBLE

En el manual de instrucciones no venía
—supongo que por ser inverosímil—
qué hacer si el otro se estropea y dice
Ya no te quiero.

Nada ponía. Nada en los prospectos,
el plano de la casa, los horóscopos,
las líneas de las manos, el periódico
de ayer, los mapas.

VI. LOS MENSAJES DEL BICHO

Como de nada sirven las palabras,
frota sus patas y hace gestos
que nadie entiende.
                                        Vedlo pasar:
es el amor en retirada.

VII. QUÉ HUBO DE CIERTO EN TODO AQUELLO

No soy capaz de verlo simplemente
como si fuera el viaje, iniciático y falso,
que emprende el personaje de El sueño de los héroes,
o como la mujer que persiguieron Espronceda y Bécquer
e iba mucho después a ser mujer de un cuadro.

Tuvo que haber en ello algo de cierto.
Algo que la memoria y la razón no pueden aducir en su descargo,
pero que sube por su propia cuenta al estrado
y da, en una lengua extraña, su versión de lo ocurrido,
que nadie puede comprender pero que tiene
el sello inconfundible
de lo que pudo tal vez ser.

Retornando a los símiles, si aquello
se pareciera a algo,
sería al fotograma último de Vértigo.

VIII. UCRÓNIMO

De todos los lugares fabulosos,
Aquello es el único real.

Porque estuvimos en él, pero ahora no existe.
Porque nunca existió, pero era habitable,
y sabemos a veces
que estuvimos en él.

Porque todavía al pronunciar su nombre tiembla
lo que en nosotros ha quedado allí:
voces y manos que ejercieron
su prodigioso oficio,
palabras que quizá no fueron pronunciadas,
cortinas que al moverse —tiemblan— dejaban entrever
algo que vimos o no quisimos ver, porque ya entonces
un resto de locura nos hacía temer
que todo aquello fuera real o imaginario,
que de un momento a otro pudiera vencerse
la mágica moneda
de uno cualquiera de sus lados,
que comenzara a ser lo que era o no era
algo que solo es o que no es
—algo que sería concebible con telón de fondo,
pero no con cortinas que lo velan—.

Y eso es, al final,
lo que nos queda o podemos recordar de Aquello.
Lo demás únicamente son hechos:
que no estamos allí, que hemos vuelto.

IX. DETALLES IRRELEVANTES

Le es igual si ella le quiso o no.
Su interpretación fue brillante,
de esas que hacen por igual posible
la firme convicción o la duda fundada.
Ante una actriz de talla semejante,
quién tendría el valor de reparar
en los efectos especiales o el montaje,
en los detalles, sórdidos,
al cabo irrelevantes, de la trama.

ÍNDICE

CONTEXTOS

CANCIONERO

FUNDAMENTACIÓN TEÓRICA

Esta obra
se acabó de imprimir
con los auspicios de
Charo Fierro y
Antonio J. Huerga, editores

FINIS CORONAT OPUS